Einleitung

Das Haus Hohenzollern gehört zu jenen Dynastien, die den Verlauf der europäischen Geschichte über Jahrhunderte maßgeblich mitbestimmten. Von seinen Anfängen als schwäbisches Adelsgeschlecht über das Burggrafenamt in Nürnberg, die Belehnung mit der Mark Brandenburg bis zur Erlangung der preußischen Königs- und deutschen Kaiserwürde vollzog es einen kontinuierlichen Aufstieg, der bei genauerer Betrachtung jedoch nicht so geradlinig verlief, wie ihn die offizielle Geschichtsschreibung zu Zeiten der Monarchie gerne darstellte.

Dennoch lässt sich ohne Übertreibung feststellen, dass die Hohenzollern gerade zwischen dem 17. und 19. Jahrhundert eine Reihe bedeutender Herrscherpersönlichkeiten hervorbrachten, die Bleibendes schufen und in vielerlei Hinsicht zukunftsweisend wirkten. Aber auch die weniger bekannten oder von Zeitgenossen und späteren Generationen kritischer beurteilten Monarchen verliehen ihrer Regierungszeit meist eine individuelle Prägung, in der sich charakteristische Merkmale und Entwicklungen der jeweiligen Epoche deutlich niederschlugen.

Wenngleich die hohenzollerischen Hausgesetze keine weibliche Thronfolge vorsahen und im hier behandelten Zeitraum auch keine zeitweilige Regentschaft durch ein weibliches Mitglied der Familie eintrat, dürfen die mitunter hochbegabten Gemahlinnen der preußischen Könige und deutschen Kaiser nicht übergangen werden. Angeführt von der geistvollen Königin Sophie Charlotte bis zur überaus populären Kaiserin Auguste Victoria, gelang es gerade ihnen, sich u. a. auf kulturellem Gebiet wie auch in sozialer und karitativer Hinsicht nachhaltig einzusetzen und teilweise bis heute bestehende Einrichtungen zu gründen und zu fördern.

Wie bei vielen Herrschergeschlechtern, liegen auch Herkunft und Anfänge der Hohenzollern im Dunkeln. Ihre erste urkundliche Erwähnung erfolgte in der „Weltenchronik" des Reichenauer Mönches Berthold, der für das Jahr 1061 festhielt, dass Burchardus und Wezil „de Zolorin" im Kampf gefallen seien, ohne hierzu Näheres anzuführen. Aus verschiedenen Vorformen entwickelte sich daraus der ab dem 14. Jahrhundert übliche Name „Hohenzollern", der vermutlich mit dem für eine freie Plattform im Obergeschoss eines Gebäudes gebräuchlichen Begriff „Söller" verwandt ist. Beim Anblick des gleichnamigen Stammsitzes der Familie, einem majestätisch dem Rand der Schwäbischen Alb im Südwesten Deutschlands vorgelagerten Bergkegel, auf dem sich die 1267 erstmals urkundlich erwähnte Burg Hohenzollern erhebt, erscheint diese Deutung durchaus plausibel.

Durch die Heirat des Grafen Friedrich von Zollern mit der Tochter des letzten Burggrafen von Nürnberg aus dem Hause Raabs wurde dieses Amt nach dem 1190 erfolgten Tod seines Schwiegervaters auf ihn übertragen. Seine Söhne Friedrich und Conrad nahmen zu Beginn des 13. Jahrhunderts eine Erbteilung vor, aus der die beiden bis in die Gegenwart bestehenden Hauptlinien des Hauses Hohenzollern hervorgingen: der heute in Sigmaringen beheimatete schwäbische Zweig sowie eine fränkische Linie, die fünf Generationen später durch König Sigismund im Rahmen des Konstanzer Konzils 1415 in den Rang von Markgrafen bzw. Kurfürsten von Brandenburg erhoben wurde.

Die im 19. Jahrhundert wiederhergestellte Burg Hohenzollern von Südosten

Damit erfolgte eine weitere geografische Verlagerung des Machtzentrums, wenngleich sich die ersten brandenburgischen Kurfürsten aus dem Hause Hohenzollern noch erheblichen Widerständen seitens des märkischen Adels ausgesetzt sahen. Auch blieben die in den zwei vergangenen Jahrhunderten stetig vermehrten fränkischen Besitzungen nach wie vor von Bedeutung und bildeten fortan die eigenständigen Markgrafschaften Ansbach und Bayreuth, die erst 1791 an Preußen fielen, bevor sie dem 1806 gegründeten bayerischen Königreich einverleibt wurden.

Allmählich gelang es den neuen Landesherren, in der wirtschaftlich wenig entwickelten und durch interne Rivalitäten geschwächten Region für solidere Verhältnisse zu sorgen. Bereits unter Kurfürst Friedrich II. entstand in der Mitte des 15. Jahrhunderts am Ufer der Spree in der Doppelstadt Cölln-Berlin eine Zwingburg, aus der das bis 1918 als Hauptresidenz der Hohenzollern dienende Berliner Schloss hervorging. Im Jahre 1539 vollzog Kurfürst Joachim II. den Übertritt zum Luthertum, doch zeichneten sich seine Nachfolger mehrheitlich durch religiöse Toleranz aus und zwangen ihre Untertanen nicht, sich ihnen konfessionell anzugleichen. Unter Kurfürst Johann Sigismund fielen 1614 die Herrschaftsgebiete Kleve, Mark und Ravensberg, 1618 das aus dem gleichnamigen Ordensstaat hervorgegangene Herzogtum Preußen an Brandenburg, wodurch sich weitere territoriale Verlagerungen ergaben.

Der nun einsetzende Dreißigjährige Krieg (1618-1648) brachte jedoch durch eine unglückliche Bündnispolitik große Not über das Land, die der 1640 als Zwanzigjähriger sein Amt antretende Kurfürst Friedrich Wilhelm, dem der Sieg in der Schlacht bei Fehrbellin 1675 den Beinamen „der große Kurfürst" einbringen sollte, erst schrittweise wieder beheben konnte. In den Niederlanden ausgebildet und mit einer oranischen Prinzessin verheiratet, entwickelte er sich zu einer herausragenden Herrscherfigur, der es u. a. durch das als Reaktion auf die Hugenottenvertreibung in Frankreich 1685 erlassene Edikt von Potsdam gelang, zahlreiche Glaubensflüchtlinge in das bislang nur dünn besiedelte Brandenburg zu holen, von denen wiederum wichtige ökonomische Impulse ausgingen. Bei seinem Tod im Jahre 1688 hinterließ er seinem ältesten Sohn Friedrich III. ein in vielerlei Hinsicht aufstrebendes Land, dem dieser ganz im Sinne des damals in Europa herrschenden barocken Absolutismus nun auch vermehrt äußeren Glanz verleihen wollte.

Kurfürst Friedrich III. von Brandenburg, seit 1701 König Friedrich I. in Preußen

** 11. Juli 1657 Königsberg*
† 25. Februar 1713 Berlin
Begräbnisstätte: Berliner Dom

∞ 1679 mit Landgräfin Elisabeth Henriette von Hessen-Kassel (1661–1683)
∞ 1684 mit Prinzessin Sophie Charlotte von Hannover (1668–1705)
∞ 1708 mit Herzogin Sophie Luise zu Mecklenburg-Schwerin (1685–1735)

Rein äußerlich hatte der eher schmächtige, leicht verwachsene und häufig kränkelnde Friedrich III. wenig von der Kraftnatur seines Vaters geerbt. Auch charakterlich zeigte er zu seinem pragmatisch denkenden und entschlossen auftretenden Vorgänger kaum Parallelen, wenngleich in seinen ersten Regierungsjahren mit der Universität in Halle sowie den Akademien der Künste und der Wissenschaften in Berlin wichtige Bildungsinstitutionen ins Leben gerufen wurden.

Es war jedoch vor allem die Erlangung der Königswürde, die Friedrich konsequent verfolgte und schließlich 1701 in die Tat umsetzte, nachdem er Kaiser Leopold I. politische und militärische Unterstützung zugesagt hatte. Im Gegenzug wurde ihm die Annahme eines Königstitels gestattet, der sich aber nur auf ein Gebiet außerhalb des Heiligen Römischen Reiches Deutscher Nation beziehen konnte. Die Wahl fiel auf Preußen, das zu diesem Zeitpunkt aber noch zu einem geringen Teil Polen angehörte, weshalb sich Friedrich I. und seine Nachfolger bis zur polnischen Teilung im Jahre 1772 zunächst nur „Könige in Preußen" nennen konnten.

Mit großem Gefolge zog der Kurfürst zu Beginn des Jahres 1701 nach Königsberg, in dessen Schlosskirche am 18. Januar die prunkvolle Zeremonie der Selbstkrönung abgehalten wurde. Am Vorabend war der Schwarze Adlerorden, die fortan höchste Aus-

Antoine Pesne: König Friedrich I., um 1702/05

5

zeichnung im preußischen Königreich, gestiftet worden. Damit hatte sich Friedrich I. eine erweiterte Position außerhalb des engen Machtgefüges im Deutschen Reich verschafft und gleichzeitig auf Vorgänge in benachbarten Territorien reagiert, wo sich beispielsweise der sächsische Kurfürst 1697 zum polnischen König wählen ließ oder dem Haus Hannover auf dem Erbweg die britische Thronfolge in Aussicht gestellt wurde.

Um dem neuen Status auch in architektonischer Hinsicht Ausdruck zu verleihen, regte Friedrich I. den Ausbau des Berliner Schlosses unter der Leitung von Andreas Schlüter an, das damit zu einer königlichen Residenz von europäischem Format heranwachsen sollte. Gleichzeitig entstanden weitere Bauten wie das Berliner Zeughaus oder die Erweiterung von Schloss Lietzenburg, dem Sommersitz der zweiten Gemahlin des Königs. Die überaus gebildete Monarchin hatte sich dort eine unabhängige Residenz geschaffen, in der sie einen bedeutenden Musenhof unterhielt, an dem u. a. der Philosoph Gottfried Wilhelm Leibniz und der Komponist Giovanni Battista Bononcini verkehrten. Nach ihrem frühen Tod wurde das Anwesen in Charlottenburg umbenannt und sukzessive ausgebaut.

Die prachtvolle Hofhaltung des Königs und eine von Günstlingswirtschaft und Selbstbereicherung geprägte Regierung führten schließlich zu einer immensen Verschuldung, deren Abbau sich bei seinem Tod als eine der vordringlichsten Aufgaben für seinen Sohn und Nachfolger erweisen sollte.

Friedrich Wilhelm Weidemann: Königin Sophie Charlotte, um 1702/05

König Friedrich Wilhelm I. in Preußen

** 14. August 1688 Berlin*
† 31. Mai 1740 Potsdam
Begräbnisstätte: Mausoleum an der Potsdamer Friedenskirche

∞ 1706 mit Prinzessin Sophie Dorothea von Hannover (1687–1757)

Friedrich Wilhelm I., aufgrund seines ausgeprägten Interesses an allem Militärischen als „Soldatenkönig" in die Geschichte eingegangen, stellte in vielerlei Hinsicht das exakte Gegenteil seines Vaters dar. Persönlich anspruchslos, pflichtbewusst und tief religiös, konnte er im Umgang mit anderen bisweilen ungehalten und brutal werden. Schon früh begann er sich als Thronfolger mit der Organisation des Staatswesens zu beschäftigen und setzte unmittelbar nach Regierungsantritt schonungslose Sparmaßnahmen durch, indem er das Entstehen weiterer Schulden vermied und eine ihm unterstellte Generalrechenkammer einrichtete, die fortan sowohl über das zivile wie das militärische Budget entschied.

Gleichzeitig begann er die Staatsverwaltung und das Gerichtswesen neu zu strukturieren und schuf mit dem durch seinen Minister Samuel von Cocceji reformierten „Preußischen Landrecht" von 1737 die Grundlage des heutigen Rechtsstaats. Das Hauptaugenmerk des Königs lag jedoch auf der preußischen Armee, deren Truppenstärke er während seiner Regierungszeit mit 80 000 Mann mehr als verdoppelte. Friedrich Wilhelm I. setzte vorwiegend auf die abschreckende Wirkung des Heeres gegenüber potenziellen Feinden, kümmerte sich zugleich aber um eine gute Versorgung und Ausbildung der Soldaten. Einer persönlichen Marotte glich sein Regiment der „Langen Kerls", dessen überdurchschnittlich groß gewachsene Mitglieder er europaweit auf rigorose Weise anwerben ließ.

Der erstaunlich rasch zu Erfolgen führenden Sanierung des preußischen Staats- und Militärwesens stand ein Niedergang der Künste gegenüber, für die Friedrich Wilhelm I. wenig Interesse zeigte, wenngleich er vor allem in seinen späteren Lebensjahren, von Gicht und Wassersucht geplagt, überraschenderweise selbst Gemälde anfertigte. Unter seinem unbeherrschten Wesen litt vor allem auch seine unmittelbare Umgebung, sodass sich insbesondere seine erste Tochter Wilhelmine und deren zwei Jahre jüngerer Bruder Friedrich immer wieder vor den cholerischen Ausbrüchen ihres Vaters fürchteten.

Die ambitionierten Heiratspläne der Mutter, die für ihre ältesten Kinder Verbindungen mit dem verwandten englischen Königshaus anstrebte, vereitelte Friedrich Wilhelm I. zu Gunsten von Heiraten mit dem Markgrafen von Bayreuth bzw. einer Prinzessin aus dem Hause Braunschweig-Bevern. Der Konflikt mit dem in seinen Augen missratenen, an Musik, Literatur und Philosophie interessierten Kronprinzen kulminierte in dessen 1730 gescheitertem Fluchtversuch. Danach ließ ihn der Vater zur Festungshaft nach Küstrin bringen, wo er der Hinrichtung seines Vertrauten Hans Hermann von Katte beiwohnen musste. Diese drakonische Bestrafung, die sich nach Vorstellung des Königs auch auf den Thronfolger hätte erstrecken sollen, offenbart zugleich das bedingungslose Rechtsempfinden dieses eigenwilligen Monarchen.

Nächste Seiten:
Antoine Pesne:
König Friedrich Wilhelm I.
und Königin
Sophie Dorothea, um 1730

König Friedrich II. (der Große) von Preußen

** 24. Januar 1712 Berlin*
† 17. August 1786 Potsdam
Begräbnisstätte: Gruft vor Schloss Sanssouci, Potsdam

∞ 1733 mit Prinzessin Elisabeth Christine von Braunschweig-Bevern (1715–1797)

Die Kindheit und Jugend des zweifellos bedeutendsten preußischen Herrschers wurde von der dominanten Persönlichkeit seines Vaters Friedrich Wilhelm I. geprägt, der für den sensiblen Charakter seines ältesten Sohnes und dessen musisch-schöngeistige Interessen kein Verständnis aufbrachte. Einer strengen, militärisch ausgerichteten Erziehung und der vom Vater geschätzten, bisweilen derb-prosaischen Geselligkeit im sogenannten „Tabakskollegium" stand eine innige Beziehung zur älteren Schwester Wilhelmine sowie der zeitlebens geschätzten Mutter gegenüber.

Nachdem die Fluchtpläne des Kronprinzen 1730 gescheitert waren und er eine Haftstrafe in Küstrin verbüßen musste, fand eine vermeintliche Annäherung zwischen Vater und Sohn statt, die sich u. a. in der Einwilligung zur Hochzeit mit der vom König bestimmten Kandidatin und der Übersiedlung nach Neuruppin äußerte, wo Friedrich fortan ein Regiment befehligen sollte, während sich im benachbarten Schloss Rheinsberg im Kreis von Freunden und Künstlern ein kultivierter Musenhof entfaltete.

Unmittelbar nach seinem Regierungsantritt im Jahre 1740 erhob Friedrich II. gegenüber Österreich Ansprüche auf Schlesien, die er aber erst nach drei Kräfte zehrenden Kriegen, dem 1. und 2. Schlesischen Krieg in den Jahren 1740/42 bzw. 1744/45 sowie dem von 1756 bis 1763 andauernden Siebenjährigen Krieg, langfristig geltend machen konnte. Damit war es ihm gelungen, Preußen zu einer gleichberechtigten europäischen Großmacht zu erheben und als ruhmreicher Feldherr den Beinamen „der Große" zu erlangen.

Friedrich, der sich selbst als „ersten Diener seines Staates" betrachtete, versuchte während seiner fast ein halbes Jahrhundert währenden Regierungszeit, nahezu alle Lebensbereiche innerhalb seines Herrschaftsgebietes im Sinne des aufgeklärten

Friedrich Georg Weitsch (zugeschr.): König Friedrich der Große, um 1780

Antoine Pesne: Königin Elisabeth Christine als Kronprinzessin, um 1735

Absolutismus zu ordnen. Im Bereich der Künste entstand das nach ihm benannte „friderizianische Rokoko", das in seinem 1745 bis 1747 erbauten Weinbergschloss Sanssouci bei Potsdam seinen vollendeten Ausdruck fand. Hier versammelte der frankophile König, der zugleich ein passionierter Flötenspieler und Kunstsammler war, eine illustre Runde von Geistesgrößen zur „Tafelrunde von Sanssouci", zu deren berühmtesten Gästen der Philosoph und Schriftsteller Voltaire zählte.

Hier verstarb auch der gegen Lebensende zunehmend zum vereinsamten Zyniker gewordene und im Volksmund „alter Fritz" genannte Monarch im Alter von 74 Jahren. Nachdem seine sterblichen Überreste gegen seinen Willen bis 1944 in der Potsdamer Garnisonkirche beigesetzt waren, sind sie nach einer kriegsbedingten Odyssee und einem beinahe vier Jahrzehnte währenden Aufenthalt auf der Burg Hohenzollern seit 1991 in der von ihm schon zu Lebzeiten angelegten Gruft auf der Terrasse von Sanssouci neben den Gräbern seiner Windhunde bestattet.

König Friedrich Wilhelm II. von Preußen

** 25. September 1744 Berlin*
† 16. November 1797 Potsdam
Begräbnisstätte: Berliner Dom

∞ 1765 mit Prinzessin Elisabeth Christine Ulrike von Braunschweig Lüneburg (1746–1840), 1769 geschieden
∞ 1769 mit Prinzessin Friederike Luise von Hessen-Darmstadt (1751–1805)
∞ (morganatisch) 1787 mit Elisabeth Amalie (genannt Julie) Gräfin von Voß, Gräfin von Ingenheim (1766–1789)
∞ (morganatisch) 1790 Sophie Juliane Gräfin von Dönhoff (1768–1838)

Aufgrund der Kinderlosigkeit Friedrichs II. war zunächst dessen jüngerer Bruder August Wilhelm zum Thronerben bestimmt worden. Nach dessen frühem Tod im Jahre 1758 wurde sein Sohn Friedrich Wilhelm (II.) zum designierten Thronfolger. Das Verhältnis des nie gründlich in die Staatsgeschäfte eingeführten Prinzen zu Friedrich dem Großen gestaltete sich jedoch problematisch. Friedrich Wilhelm fühlte sich von seinem Onkel nicht ernst genommen, während dieser aus seiner geringen Meinung über den vermeintlich unbegabten Neffen kein Geheimnis machte.

Friedrich Wilhelm II., der zeitlebens im Schatten seines Vorgängers stand und von der Geschichtsschreibung lange Zeit nur knapp abgehandelt wurde, besaß einen gemütvollen, wenngleich ausgesprochen triebhaften Charakter. Seine erste Ehe wurde nach vier Jahren wegen beiderseitiger Untreue geschieden, aus der zweiten Ehe entstammten sieben Kinder, während aus zwei weiteren morganatischen, d.h. nicht ebenbürtigen Verbindungen nochmals sieben Nachkommen hervorgingen, was ihm den scherzhaften Beinamen „der Vielgeliebte" einbrachte.

Nach seinem Regierungsantritt bekämpfte er zunächst im Bündnis mit Österreich erfolglos die französischen Revolutionstruppen. Obwohl seine militärischen Fähigkeiten nicht an jene seines Onkels heranreichten, gelang ihm infolge der polnischen Teilungen ein zeitweiliger Gebietszuwachs im Osten. In dem 1795

Anton Graff:
König Friedrich Wilhelm II.,
um 1788

geschlossenen Frieden von Basel wurde jedoch in der vergeblichen Hoffnung auf nachlassende Spannungen Frankreich das linke Rheinufer überlassen und Norddeutschland neutralisiert.

Während das Bild dieses Königs zeitweilig von dem unter ihm herrschenden Günstlings- und Mätressenwesen sowie seinen spiritistischen Neigungen überlagert wurde, bleiben seine Verdienste auf dem Gebiet der Kunst und Architektur unbestritten. Mit Friedrich Wilhelm II., der u. a. auch ein großer Musikliebhaber und talentierter Cellist war, hielt die Epoche des Klassizismus Einzug in Preußen und manifestierte sich in so prominenten Bauwerken wie dem Marmorpalais in Potsdam oder dem Brandenburger Tor in Berlin.

König Friedrich Wilhelm III. von Preußen

** 3. August 1770 Potsdam*
† 7. Juni 1840 Berlin
Begräbnisstätte: Mausoleum im Charlottenburger Schlosspark, Berlin

∞ 1793 mit Prinzessin Luise zu Mecklenburg-Strelitz (1776–1810)
∞ 1824 (morganatisch) mit Gräfin Auguste von Harrach, Fürstin von Liegnitz (1800–1873)

Der häufig als wortkarg und unentschlossen geschilderte Monarch erlebte eine wenig liebevolle Kindheit und Jugend, in der er sich schon früh von den sinnesfreudigen Vergnügungen am Hof seines Vaters distanzierte. Durch die Heirat mit der damals siebzehnjährigen Luise von Mecklenburg-Strelitz wurde ihm eine anmutige und charmante Frau an die Seite gestellt, die in ihrer liebenswürdigen und unkonventionellen Art viel zur Popularität des Königshauses beitrug. Aus der überaus harmonischen Beziehung gingen zehn Kinder hervor, von denen jedoch nur sieben das Erwachsenenalter erreichen sollten.

Nach dem Tod seines Vaters verfolgte Friedrich Wilhelm III. eine Politik strikter Sparsamkeit und außenpolitischer Neutralität, mit der er den von Frankreich ausgehenden epochalen Umwälzungen entgehen wollte, letztlich aber in eine Isolation geriet.
Am 9. Oktober 1806 erklärte Napoleon Preußen den Krieg, kurz darauf erfolgte die vernichtende Niederlage von Jena und Auerstedt. Die königliche Familie sah sich gezwungen, nach Ostpreußen zu fliehen, während der französische Kaiser triumphierend in Berlin Einzug hielt.

Bei der berühmten Begegnung zwischen Napoleon, dem preußischen König und dem russischen Zaren Alexander I. im Juli 1807 in Tilsit versuchte Königin Luise nochmals durch persönlichen Einsatz, günstigere Bedingungen für ihr Land zu erwirken, was zwar letztlich erfolglos blieb, ihr aber große Achtung in der Bevölkerung verschaffte. Bei ihrem drei Jahre später erfolgten

Ernst Paul Gebauer nach
François Baron Gérard:
König Friedrich Wilhelm III.,
um 1810

Elisabeth Vigée-Le Brun:
Königin Luise, 1802

Tod im Alter von nur 34 Jahren wurde sie bereits zu einer Legende verklärt. Zuvor war das Fortbestehen Preußens nur durch tiefgreifende Reformen gewährleistet worden.

1813 verbündete sich Friedrich Wilhelm III. mit Russland im Kampf gegen Frankreich und konnte nach den erfolgreichen Befreiungskriegen wieder eine Großmachtstellung beanspruchen. Bereits 1810 hatte er auf Anregung Wilhelm von Humboldts die Berliner Universität gegründet, im Jahr darauf folgte die Universität in Breslau. Das 1828 nach Plänen Karl Friedrich Schinkels vollendete „Königliche" (heute „Alte") Museum stellte den Auftakt der Berliner Museumsinsel dar. Gegen Ende seiner 43-jährigen Regierungszeit war der persönlich bescheidene, soldatisch geprägte Monarch zum geachteten, gleichwohl nicht unumstrittenen Landesvater einer ganzen Generation geworden.

König Friedrich Wilhelm IV. von Preußen

** 15. Oktober 1795 Berlin*
† 2. Januar 1861 Potsdam
Begräbnisstätte: Gruft der Potsdamer Friedenskirche

∞ 1823 mit Prinzessin Elisabeth von Bayern (1801–1873)

Der als „Romantiker auf dem Thron" bezeichnete Friedrich Wilhelm IV. wuchs in einem intakten familiären Umfeld auf, das von der glücklichen Ehe seiner Eltern und dem engen Zusammenhalt der zahlreichen Geschwister geprägt war. Schon früh zeigte er ein besonderes Interesse an Geschichte und Kunst. Zu den nachhaltigen Erlebnissen seiner Jugend gehörten die bittere Erfahrung der Flucht vor Napoleon und die von einem erstarkenden Nationalgefühl getragenen Befreiungskriege.

Nach dem frühen Tod der Mutter gestaltete sich das Verhältnis zu seinem Vater zeitweilig als schwierig, zumal dieser dem schwärmerischen Naturell des Kronprinzen eher ablehnend gegenüberstand. So sollte beispielsweise der sehnliche Wunsch einer Italienreise lange unerfüllt bleiben und die als Heiratskandidatin erwählte bayerische Königstochter Elisabeth erst nach langwierigen Verhandlungen, in denen ihre nach der Hochzeit zu erfolgende Konvertierung vom katholischen zum evangelischen Glauben vereinbart wurde, akzeptiert werden. Die schließlich 1823 in zwei Zeremonien in München und Berlin geschlossene Ehe erwies sich als überaus harmonisch, blieb jedoch kinderlos.

Nach der von einem erstarrten Geist geprägten Ära der Restauration erhofften sich nach 1840 insbesondere die bürgerlichen liberalen Kreise Preußens mehr Mitspracherecht und eine Verfassung, die Friedrich Wilhelm IV., der sich als König von Gottes Gnaden eingesetzt betrachtete, jedoch ablehnte. Der daraus resultierenden Revolution von 1848 stand er verständnislos gegenüber und verweigerte die ihm von der Frankfurter Nationalversammlung angetragene Kaiserkrone vehement mit der Begründung, dass ihm eine solche Würde nur von seinesgleichen, nicht aber von einer Volksvertretung angetragen werden könne.

Franz Krüger (nach): König Friedrich Wilhelm IV., um 1840

Im Jahre 1857 erlitt der König den ersten mehrerer Schlaganfälle, sodass seine Erkrankung im Jahr darauf zur Regierungsübernahme durch seinen jüngeren Bruder Wilhelm führte. Trotz der hingebungsvollen Pflege durch seine Frau und einer gemeinsamen Reise nach Rom im Winter 1858/59 sollte er sich gesundheitlich nie mehr erholen. Zu den zahlreichen Bauvorhaben, die der zeitlebens selbstständig skizzierende König in engem Aus-

Joseph Stieler: Königin Elisabeth, um 1840

tausch mit seinen Architekten und Künstlern verwirklichte, gehören die Alte Nationalgalerie und das Neue Museum in Berlin, das Orangerieschloss in Potsdam, die Fertigstellung des Kölner Domes sowie der Wiederaufbau von Schloss Stolzenfels am Rhein und der Burg Hohenzollern in den 1850 infolge der Revolution an Preußen gefallenen Stammlanden der Dynastie.

König Wilhelm I. von Preußen, ab 1871 Deutscher Kaiser

** 22. März 1797 Berlin*
† 9. März 1888 Berlin
Begräbnisstätte: Mausoleum im Charlottenburger Schlosspark, Berlin

∞ 1829 mit Prinzessin Augusta von Sachsen-Weimar-Eisenach (1811-1890)

Im Laufe des beinahe 91 Jahre währenden Lebens Kaiser Wilhelms I. ereigneten sich zahlreiche umfassende politische und gesellschaftliche Veränderungen. Noch im späten 18. Jahrhundert als zweiter Sohn Friedrich Wilhelms III. und seiner Gemahlin Luise geboren, erlebte er früh die Wirren der napoleonischen Kriege und den Sieg Preußens über Frankreich. Im Gegensatz zu seinem eher schöngeistig veranlagten Bruder, dem späteren König Friedrich Wilhelm IV., gehörte Wilhelms Vorliebe zeitlebens dem Militär.

Nachdem seine Zuneigung für Prinzessin Elisa Radziwill von seinem Vater als nicht standesgemäß erachtet wurde, heiratete er 1829 Prinzessin Augusta von Sachsen-Weimar-Eisenach, mit der er eine wenig glückliche, aber äußerlich stabile Ehe führte. In der Revolution von 1848 wurde Prinz Wilhelm die gewaltsame Niederschlagung des Aufstands in Berlin angelastet, was zu dem Beinamen „Kartätschenprinz" und seiner zeitweiligen Flucht nach England führte. Nach seiner Rückkehr war er an der Bekämpfung des badischen Aufstandes beteiligt und amtierte mehrere Jahre als Generalgouverneur der Rheinlande und Westfalens in Koblenz, bevor er durch die Erkrankung seines kinderlosen Bruders 1858 zum Prinzregenten ernannt wurde.

Nach seiner offiziellen Thronbesteigung krönte sich Wilhelm I. im Oktober 1861 wie seinerzeit Friedrich I. in Königsberg. Ein Verfassungskonflikt in der wenig später anstehenden Heeresreform ließ den Monarchen mit dem Gedanken an Abdankung spielen, doch führten die folgenden Jahre nach der Ernennung Otto von Bismarcks zum Ministerpräsidenten durch die kriegerischen Auseinandersetzungen mit Dänemark (1864) und Österreich (1866)

Franz v. Lenbach: Kaiser Wilhelm I., 1887

zu einer Vormachtstellung Preußens, die sich nach dem deutsch-französischen Krieg 1870/71 in der Gründung des zweiten Deutschen Kaiserreiches manifestierte. Obwohl Wilhelm I. dies mit Skepsis betrachtete, wurde er am 18. Januar 1871 im Spiegelsaal von Versailles in Anwesenheit zahlreicher deutscher Bundesfürsten zum Deutschen Kaiser proklamiert.

Seine in jungen Jahren u. a. von Johann Wolfgang von Goethe unterrichtete, liberal eingestellte und ihm intellektuell überlegene Frau Augusta machte bisweilen aus ihrer oppositionellen Haltung keinen Hehl. Trotz der umstrittenen Rolle Wilhelms in der

Minna Pfüller nach Franz Xaver Winterhalter: Königin Augusta, nach 1861

Märzrevolution und mehrerer auf ihn verübter Attentatsversuche erfreute sich das im Winter in seinem Berliner Palais, im Sommer meist auf Schloss Babelsberg bei Potsdam residierende Paar vor allem in den späteren Lebensjahren einer großen Popularität und galt vielen als die Verkörperung des „alten Preußens".

Kaiser Friedrich III., König von Preußen

** 18. Oktober 1831 Potsdam*
† 15. Juni 1888 Potsdam
Begräbnisstätte: Mausoleum an der Potsdamer Friedenskirche

∞ 1858 mit Victoria Princess Royal von Großbritannien und Irland (1840–1901)

Der spätere „99-Tage-Kaiser" wuchs im Spannungsfeld zwischen einem militärisch orientierten Vater und einer feinsinnig-kultivierten Mutter auf, der die sorgfältige Erziehung ihres einzigen Sohnes besonders am Herzen lag. Die unmittelbare Konfrontation mit den auf dem Berliner Gendarmenmarkt aufgebahrten Gefallenen der Märzrevolution gehörte laut seiner eigenen Aussage zu den tiefsten frühen Eindrücken des heranwachsenden Prinzen.

Auf Privatunterricht und Vorlesungen an der Universität Bonn, zu denen staats- und rechtswissenschaftliche sowie historische Themen gehörten, folgte die Fortsetzung der militärischen Ausbildung in Potsdam. Im Rahmen einer Reise zur Eröffnung der Weltausstellung nach London lernte er 1851 seine zukünftige Gemahlin, die gleichnamige Tochter der englischen Königin Victoria kennen, zu der er trotz ihres damals noch kindlichen Alters eine erste Zuneigung entwickelte. Schon früh war diese Verbindung zwischen den Herrscherhäusern in Betracht gezogen worden, die sich bei einem weiteren Aufenthalt des Prinzen im schottischen Balmoral verfestigte.

Die 1858 in London geschlossene Ehe erwies sich als ausgesprochen glücklich und brachte acht Kinder hervor, von denen jedoch zwei bereits früh verstarben. Die anhaltend enge Bindung der Kronprinzessin an ihre englische Heimat führte im Zusammenhang mit ihren liberalen Ansichten immer wieder zu Konflikten mit den konservativen Kreisen in Preußen. Vor allem in der Person Otto von Bismarcks sollte Victoria einen hartnäckigen Widersacher finden. Ihr Gemahl trat indessen durch militärische Leistungen in den Einigungskriegen sowie als Anführer der süddeutschen Truppen im deutsch-französischen Krieg hervor und genoss große Beliebtheit.

Die lange Lebensspanne Kaiser Wilhelms I. bedeutete für Friedrich Wilhelm und Victoria eine jahrzehntelange Rolle als Kronprinzenpaar, in der sie sich u. a. intensiv für Museen und soziale Einrichtungen einsetzten. Als 1887 die Erkrankung des Kronprin-

Bertha Müller nach Heinrich v. Angeli: Kaiserin Victoria als Witwe, um 1900

zen an Kehlkopfkrebs diagnostiziert wurde, begann ein Wettlauf mit der Zeit, der zugleich von einer Debatte um die Herkunft der behandelnden deutschen und englischen Ärzte begleitet wurde. Bei seiner Thronbesteigung erwies sich der als „Friedrich III." die Zählung der preußischen Könige fortführende Kaiser bereits als sterbenskranker Mann, dem im „Dreikaiserjahr" 1888 lediglich eine dreimonatige Regierungszeit beschieden war.

Aufgrund des spannungsreichen Verhältnisses zu ihrem ältesten Sohn, dem nachfolgenden Kaiser Wilhelm II., zog sich die fortan „Kaiserin Friedrich" genannte Witwe nach Kronberg im Taunus zurück, wo sie sich weiterhin ihren Sammlungen und der praktischen Kunstausübung widmete. Die Frage nach dem etwaigen Verlauf der Geschichte im Fall einer längeren Lebensdauer ihres Mannes bleibt indessen nach wie vor spekulativ.

Links: Heinrich v. Angeli: Kaiser Friedrich III. als Kronprinz, 1874

Kaiser Wilhelm II., König von Preußen

** 27. Januar 1859 Berlin*
∞ 4. Juni 1941 Doorn (Niederlande)
Begräbnisstätte: Mausoleum im Park von Huis Doorn

∞ 1881 mit Prinzessin Auguste Victoria zu Schleswig-Holstein-Sonderburg-Augustenburg (1887–1921)
∞ 1922 mit Prinzessin Hermine Reuss ä.L., verwitwete Prinzessin von Schönaich-Carolath (1887–1947)

Der letzte deutsche Kaiser und König von Preußen hatte seit seiner ausgesprochen schwierigen Geburt einen behinderten linken Arm, dessen teilweise drastische Behandlung nicht ohne Einfluss auf den zudem unter mangelnder Zuwendung leidenden Prinzen bleiben konnte. Der freudlose Unterricht durch einen strengen Erzieher sowie der seinerzeit ungewöhnliche Besuch eines öffentlichen Gymnasiums in Kassel konnten daran wenig ändern. Es überrascht nicht, dass der nachmalige Wilhelm II. vor allem beim Militär Strukturen und Anerkennung fand, die ihm bis dahin andernorts versagt geblieben waren.
Schon früh fühlte sich der seit 1881 mit einer schleswig-holsteinischen Prinzessin verheiratete Thronerbe dem Großvater Wilhelm I. enger verbunden als den eigenen Eltern. Bei seinem Regierungsantritt im Alter von 29 Jahren zeigte er sich den ihm stellenden Aufgaben nur bedingt gewachsen. Bald zeichnete sich zwischen dem sprunghaften Monarchen und dem altgedienten Reichskanzler Bismarck ein Konflikt ab, der 1890 zu dessen Entlassung führte. Der Regierungsstil wurde fortan von häufigen Kurswechseln bestimmt, während das regelmäßig kritisierte „persönliche Regiment" des Kaisers beispielsweise in der durch ein unbedachtes Interview im Jahre 1908 ausgelösten „Daily Telegraph-Affäre" immer wieder Krisen herbeiführte.
Gleichzeitig war der vielfach auf Reisen befindliche Herrscher um eine aufstrebende Entwicklung von Wirtschaft, Kunst und Wissenschaft bemüht und forcierte insbesondere den Ausbau der Flotte. Seine Gemahlin Auguste Victoria, mit der er sieben Kinder

Philip de László: Kaiser Wilhelm II., 1908

P. A. László
1908 XII. 11. neues Palais.

hatte, verkörperte indessen das wilhelminische Frauenideal und widmete sich in ihrer Rolle als Landesmutter vor allem religiösen und karitativen Aufgaben. Bei seinem 25-jährigen Regierungsjubiläum im Jahre 1913 wurde Wilhelm II. noch als „Friedenskaiser" gefeiert; im Jahr darauf brach der Erste Weltkrieg aus, der letztlich das Ende der Monarchie in Deutschland bedeutete.

Nach anfänglichen Erfolgen nahm der Kaiser immer weniger Einfluss auf den verlustreichen und allmählich ausweglosen Verlauf des Krieges, dessen Ausgang 1917 mit dem Eintritt der USA besiegelt wurde. Nachdem sich Wilhelm II. im Oktober 1918 in das Hauptquartier im belgischen Spa begeben hatte, sah er sich bald darauf zur Abdankung gezwungen und reiste nach Holland, wo er bei Utrecht ein Anwesen erwarb. In dem vorwiegend mit Inventar aus Berliner und Potsdamer Schlössern ausgestatteten Huis Doorn verbrachte er bis zu seinem Tod noch zwei Jahrzehnte im Exil.

Philip de László:
Kaiserin Auguste Victoria,
1899

Das Haus Preußen nach 1918 bis in die Gegenwart

Wilhelm Kronprinz des Deutschen Reiches und von Preußen
** 6. Mai 1882 Potsdam*
† 20. Juli 1951 Hechingen
Begräbnisstätte: Friedhof auf der Michaelsbastei, Burg Hohenzollern

∞ 1905 mit Herzogin Cecilie zu Mecklenburg-Schwerin (1886–1954)

Louis Ferdinand Prinz von Preußen
** 9. November 1907 Potsdam*
† 25. September 1994 Bremen
Begräbnisstätte: Auferstehungskapelle, Burg Hohenzollern

∞ 1938 mit Kira Großfürstin von Russland (1909–1967)

Georg Friedrich Prinz von Preußen
** 10. Juni 1976 Bremen*

∞ 2011 Sophie, Prinzessin von Isenburg
** 7. März 1978 in Frankfurt am Main*

Nach der Abdankung Kaiser Wilhelms II. wurde dessen ältester Sohn Kronprinz Wilhelm auf der holländischen Insel Wieringen interniert, von der er erst 1923 auf Vermittlung des Reichkanzlers Gustav Stresemann unter Verzicht auf jegliche politische Betätigung zurückkehren durfte. Nach langwierigen Vermögensauseinandersetzungen trat schließlich 1926 ein Vertrag zwischen dem vormals regierenden Königshaus und dem preußischen Staat in Kraft, demzufolge ein Großteil der einstigen Schlösser und Sammlungen Staatseigentum wurde, während den Hohenzollern verschiedene Wohnsitze, darunter zwei Palais in Berlin und mehrere Villen in Potsdam sowie das Inventar des in Schloss Monbijou eingerichteten Hohenzollern-Museums, als Privateigentum verblieben.

Der Kronprinz und seine Familie lebten fortan hauptsächlich in dem nach seiner Gemahlin benannten Schloss Cecilienhof bei

*Kronprinz Wilhelm auf der Insel Wieringen,
Fotografie, um 1920*

Potsdam, für das jedoch lediglich Wohnrecht bestand, sowie im schlesischen Schloss Oels bei Breslau. Im holländischen Doorn verfolgte der Ex-Kaiser indessen aufmerksam die politische Entwicklung in Deutschland und erhoffte sich zunächst von der allmählich erstarkenden nationalsozialistischen Bewegung seine Rückkehr. Der Kronprinz, der 1932 vorübergehend als Kandidat für die Reichspräsidentenwahl in Betracht gezogen wurde, versprach sich wie seine Brüder und weitere konservative Kreise gleichfalls eine monarchistische Restauration, musste aber bald nach der Machtübernahme Adolf Hitlers erkennen, dass er sich in dessen Absichten getäuscht hatte.

Carl Langhorst: Kronprinzessin Cecilie, 1907

Nachdem sein ältester Sohn Wilhelm im Frankreichfeldzug 1940 tödlich verwundet und unter großer Anteilnahme der Bevölkerung in Potsdam beigesetzt wurde, zwang man alle Angehörigen ehemals regierender Fürstenhäuser, den Armeedienst zu quittieren. Dessen Bruder Louis Ferdinand hatte nach Aufenthalten in Nord- und Südamerika, einer Promotion im Fach Nationalökonomie und der Heirat mit der russischen Großfürstin Kira begonnen, ein Gut im westpreußischen Cadinen zu bewirtschaften, von wo aus er Kontakte zum Widerstand unterhielt.

Bei Kriegsende wurde Kronprinz Wilhelm in Süddeutschland zunächst von Franzosen inhaftiert und nach Hechingen unterhalb des hohenzollerischen Stammsitzes gebracht, wo er seine letzten Lebensjahre in zurückgezogener Weise verbrachte. Seine Frau Cecilie war von Potsdam nach Bad Kissingen geflohen und lebte

Prinz Louis Ferdinand und Prinzessin Kira von Preußen, Fotografie, um 1960

zuletzt in Stuttgart, während ihr Sohn Louis Ferdinand und seine Familie, die es zunächst gleichfalls in die unterfränkische Kurstadt verschlagen hatte, ab 1947 in Bremen ansässig wurden. Nach dem Tod seines Vaters widmete sich der neue Chef des Hauses insbesondere der Burg Hohenzollern, die durch den weitgehenden Verlust der einstigen Besitzungen erneut an Bedeutung gewonnen hatte, indem er sie weiter für die Öffentlichkeit erschloss und

Prinz Georg Friedrich und Prinzessin Sophie von Preußen, 2012

mit zahlreichen ihm verbliebenen Kunstgegenständen ausstattete. Im Jahre 1952 wurden die in den Nachkriegswirren nach Marburg gelangten Särge Friedrichs des Großen und seines Vaters in der evangelischen Kapelle der Burg aufgestellt.

Mit seiner Gemahlin gründete er 1952 eine nach ihr benannte Stiftung, die es zunächst Kindern aus dem geteilten Berlin, heute aus der ganzen Welt ermöglicht, kostenlose Ferienaufenthalte auf der malerischen Stammburg zu verbringen. Bei den dafür veranstalteten Benefizkonzerten kamen auch eigene musikalische Kompositionen des Prinzen zur Aufführung. Mit der Wiedervereinigung Deutschlands und der von großem Medieninteresse begleiteten Überführung der sterblichen Überreste der beiden Preußenkönige im August 1991 zurück nach Potsdam erfüllte sich für Prinz Louis Ferdinand ein Lebenstraum.

Infolge des tragischen Todes seines Sohnes Louis Ferdinand junior, der bei einer Bundeswehrübung im Jahre 1977 verunglückte, wurde dessen Sohn Prinz Georg Friedrich von Preußen von seinem Großvater zum Nachfolger bestimmt. Nach Schulbesuchen in Bremen und Oldenburg, dem am schottischen Glenalmond College absolvierten Abitur und einem bei den Gebirgsjägern in Mittenwald geleisteten Militärdienst folgte ein Studium der Betriebswirtschaftslehre an der Bergakademie im sächsischen Freiberg. Zahlreiche Reisen und Praktika führten ihn u.a. durch weite Teile Europas sowie nach Israel und Ecuador. Im Sommer 2011 fand seine Hochzeit mit Prinzessin Sophie von Isenburg in Potsdam statt, die inzwischen auch den Vorsitz der Prinzessin Kira von Preußen-Stiftung übernommen hat. Gemeinsam engagiert sich das Paar für einen zeitgemäßen Umgang mit der großen Vergangenheit des Hauses Preußen und die Fortführung seiner Familientraditionen.

Literatur in Auswahl

Ausstellungskatalog „Preußen 1701 – eine europäische Geschichte", Berlin 2001

Clark, Christopher: Preußen. Aufstieg und Niedergang 1600–1947, München 2007.

Haffner, Sebastian: Preußen ohne Legende, München 1998.

Hintze, Otto: Die Hohenzollern und ihr Werk, Berlin 1916.

Krins, Hubert: Das Fürstenhaus Hohenzollern, Lindenberg [2]2013.

Massenbach, Louis Ferdinand Freiherr von: Die Hohenzollern einst und jetzt, Bonn 2009.

Mast, Peter: Die Hohenzollern in Lebensbildern, München 2006

Preußen, Friedrich Wilhelm Prinz von: „Gott helfe unserem Vaterland". Das Haus Hohenzollern 1918–1945, München 2003.

Preußen, Louis Ferdinand Prinz von: Im Strom der Geschichte, München 1993.

Ritthaler, Anton: Die Hohenzollern, Moers 1979.

Stamm-Kuhlmann, Thomas: Die Hohenzollern, Berlin 1995.

Straub, Eberhard: Eine kleine Geschichte Preußens, Berlin 2001.

www.preussen.de

Der Autor

Ulrich Feldhahn, geb. 1965 in Balingen (Baden-Württemberg), Studium der Kunstgeschichte, Volkskunde und Denkmalpflege in Bamberg und Salzburg. Nach Forschungsaufenthalten in Wien und Paris seit 2003 Kunstbeauftragter der Generalverwaltung des vormals regierenden Preußischen Königshauses in Berlin, zahlreiche Publikationen zu Kunst und Geschichte des 18. und 19. Jahrhunderts sowie Neuherausgaben der „Beschreibung und Geschichte der Burg Hohenzollern" von Rudolf Graf v. Stillfried-Alcántara (1870) und des „Hohenzollern-Albums" von Pieter Francis Peters (1858).